從中間的圖案往外繪製，先從暖色系開始，再用冷色系上色。圈圈的部分，請依序著色。

1

自由選色，但中間泡泡的部分須塗上醒目的顏色。記得使用向上緊密旋轉的螺旋筆勢，來放鬆心情。

中間的圖案使用漸層的暖色，接著用互補色為相對的圖樣上色。

順著圓弧畫上顏色。換色時，請在兩種顏色間稍稍留白。記得使用這兩種塗鴉筆勢：朝上的半圓形，和向上寬鬆旋轉的螺旋紋。

使用明亮的顏色——淡綠、淡粉紅或粉紅白等。建議使用平躺數字8的筆勢。

順著圓形依次繪製。中間的圖案須塗上橙、黃二色，剩下的部分可以自由發揮，背景可以留白。

用足以代表你追求平靜的顏色來繪製中間的圖樣，其他的圖案請畫上
象徵純潔的顏色。

請使用金色、象牙白、白色和午夜藍。空白處請用色鉛筆由下往上塗滿。

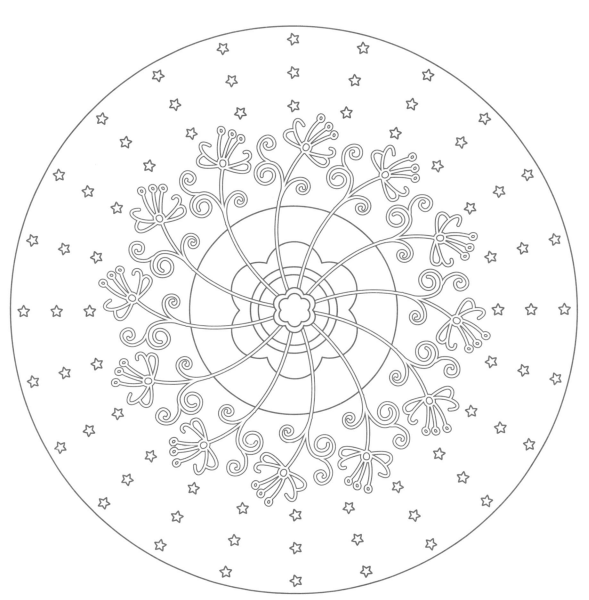

請使用你認為象徵活氧、葉綠素和流水透明度的顏色，藉以營造大自然的和諧。最外圍的四顆鑽石須塗上較明亮的顏色。

使用會令人聯想到熱帶島嶼的顏色，如綠色、黃色、綠松藍和砂礫
色……藉以釋放自我！記得遵循圓弧狀的順序。

由外圍至中心繪製，自由選色，但每種圖樣（圓圈、花瓣、水滴等）只能使用單色。

使用互補色：綠色／紅色、橙色／藍色，以及紫羅蘭色／黃色。可以加上圓圈的筆勢。

自由選色。照著曼陀羅的順序一一給花朵上色。繪製時，請想著教堂的玫瑰花窗。

請使用接近自然的顏色，如淡藍、綠色或粉黃等。在較多空白的地方，建議從上往下畫上平直的橫線塗鴉，藉以釋放情緒。

想像夏日花園的顏色。大膽地在這座曼陀羅花園上，繪製通往各處的「小徑」——花朵或其他圖樣，或是畫上圓圈型的塗鴉。

中間的圖案需較明亮，請塗上暖色系，接著交錯使用暖色和冷色系，
一圈圈地往外繪製。別忘了加上從左到右的直線筆勢。

建議每隻小鳥都塗上不同的顏色。請使用對你來說象徵正面的顏色，順著圓弧依序塗色。（著色範例請見《活絡左右腦的心靈曼陀羅》第33頁）

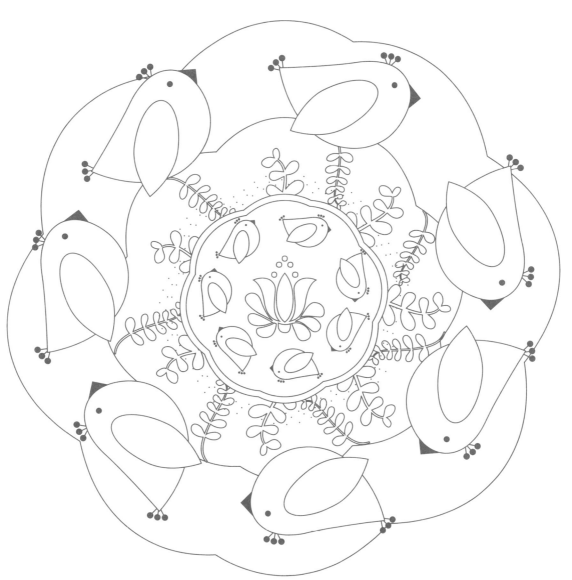

中間的圖案必須選用代表當下心情的顏色，接續的顏色則必須和前面的顏色產生視覺和諧。請使用你認為必要的塗鴉筆勢。

請在中間的圖案使用你認為能代表純潔的顏色。接下來的顏色必須突顯純潔的主題。記得加上這些塗鴉筆勢：由內而外的螺旋線，以及平躺的數字8。

每組圖樣中相對的圖案，請使用互補色。中間的圖案用暖色系，依循繞中心的方向，依序先塗暖色系再塗冷色系。

順著圓形塗上你認為象徵節慶、快樂和甜點滋味的顏色。建議使用朝上的半圓形筆勢，和從下往上畫的水平直線。

請在中間的兩個圈圈塗上代表你當下心情的顏色。四朵花可以分別使用顯眼的顏色。

中間的部分建議使用冷色系。每種元素只使用一種顏色，順著圓形依序繪製。

從中心往外圍繪製，一次一種元素。記得使用順時針方向的大螺旋紋和圓圈的筆勢。

中間的圖案請使用象徵富饒的顏色（如太陽般閃耀的金黃和水藍色等）。其他部分，請使用圍繞這個主題或是能和主題產生視覺和諧的顏色。

從外圍向中心繪製，選擇能呈現黃色調的顏色。緊密向下旋轉的小螺旋紋能幫助你「回到」當下。

往中心繪製。先使用冷色系，再使用暖色系。建議加上朝下的半圓形筆勢。

想著中間的人像代表著你。自由選擇顏色和繪製的漸進方向。使用水平直線的筆勢，由上到下來繪製整個曼陀羅。

順著花瓣使用橙、黃兩色，並往中間繪製。記得加上平躺的數字8。

中間的正方形象徵「根深蒂固」，也代表你的自信。請帶著這樣的意識從外圍向中心繪製，並選擇與之和諧的顏色。

中間的三角形象徵你想達成的穩定，請塗上黃色或綠色。記得使用由外而內的螺旋線，幫助集中。

自由選色，順著圓形朝中心繪製。記得畫上小圈圈（無須工整）。

先在外圍使用暖色系，再用冷色系往中間繪製。記得加上順時針方向的大螺旋紋。

使用互補色朝中心繪製。中間的圖案以非常明亮的顏色來突顯。

選用不同的綠色繪製每一圈的背景。上頭的花樣以黃、紅、橙三色調為主。

由外朝內繪製。中間的圖案用綠色和黃色。利用白色、象牙白、金色、銀色、洋紅色和猩紅色製造圖樣的參差和立體感。（著色範例請見《活絡左右腦的心靈曼陀羅》第35頁）

背景塗上綠松色、午夜藍、靛色和紫羅蘭色。中間的圖樣代表你的意識，請用適當的顏色突顯它。

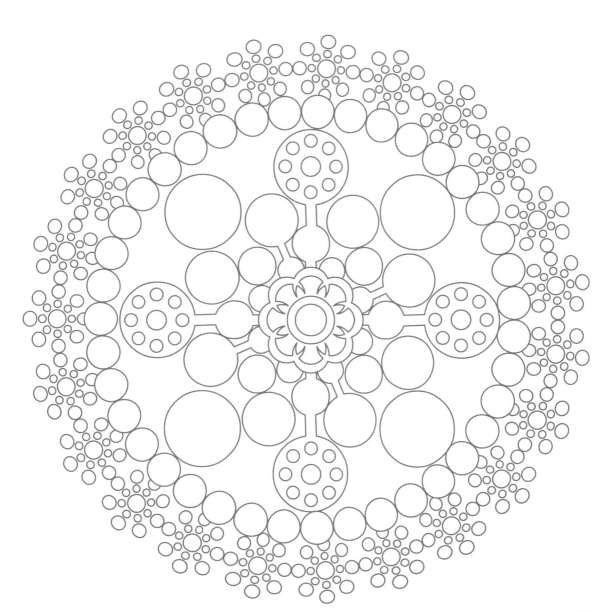

順著圓形，依序將相對的花朵塗上互補色，中間的部分則用黃色和橙色。

自由選色。中間的心形代表你的心臟，繪製時請意識這點，並帶著正面的情緒。建議可使用從上到下的水平直線，以及朝下的半圓形筆勢。

從紫羅蘭、靛色和藍色等色調開始繪製，接著塗上它們的互補色。記得利用從左到右的垂直線筆勢。

順著心形塗上代表你當下心境的顏色。記住，中間的圖樣象徵你闡明的心。

朝中心繪製。先以冷色系開始，再用暖色系。記得使用從上到下的水平直線，以及有助集中的圓圈筆勢。

請使用如褐色、綠色和金黃色等的大地色。中間的雄鹿象徵「活在當下」和「掌控大局」的慾望。

使用能突顯黑與白的顏色。記得從右到左畫上垂直線，再從左到右作相同的筆勢。

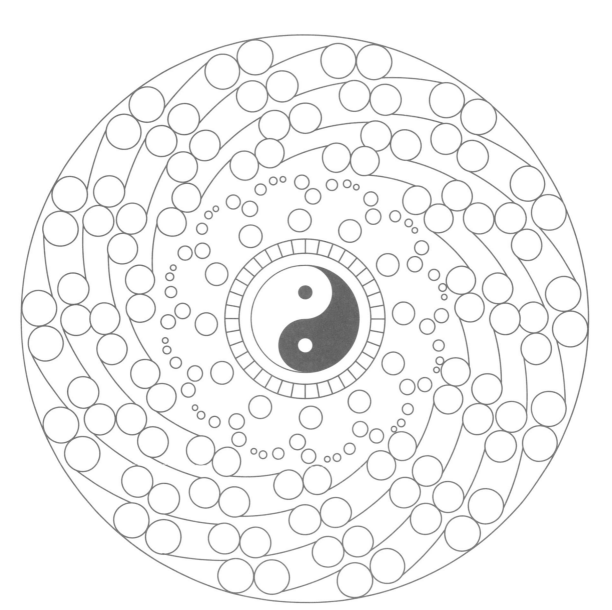

建議使用綠色、黃色、粉紅色和橙色等色調。順著圖案依序繪製，以趕走纏繞心頭的壞情緒。（著色範例請見《活絡左右腦的心靈曼陀羅》第6頁）

順著圓形依序繪製。顯眼的紅色帶來振奮的專注力。記得使用向下緊密旋轉的小螺旋紋，和平躺的數字8。

順著圖形依序朝中心繪製。同時使用暖色系和冷色系著色。中心的部分，以能象徵光亮的顏色作結。

請使用和大地有關的顏色，如褐色、赭色和深綠色等，再加上紅色和橙色，使畫面更有活力。

朝中心繪製。以黃色為主，佐以白色增加圖樣立體感。最適合的塗鴉筆勢為小正方形和朝下的半圓形。

順著圓形依序繪製。先使用暖色系，再使用冷色系。記得使用向下緊密旋轉的小螺旋紋

在最外圍的圓圈中塗上象徵壓力的顏色，如黑色、褐色和紅色等，然後漸漸使用較柔和的顏色朝中心繪製，以歡樂作結！

在中間的部分塗上代表你壓力的顏色，並加上點點的筆勢，接著用冷色系朝外圍繪製。記得使用向上旋轉的螺旋紋。

自由選色朝外圍繪製。記得使用朝上的半圓形，及一個個漸短、漸小的垂直線條。

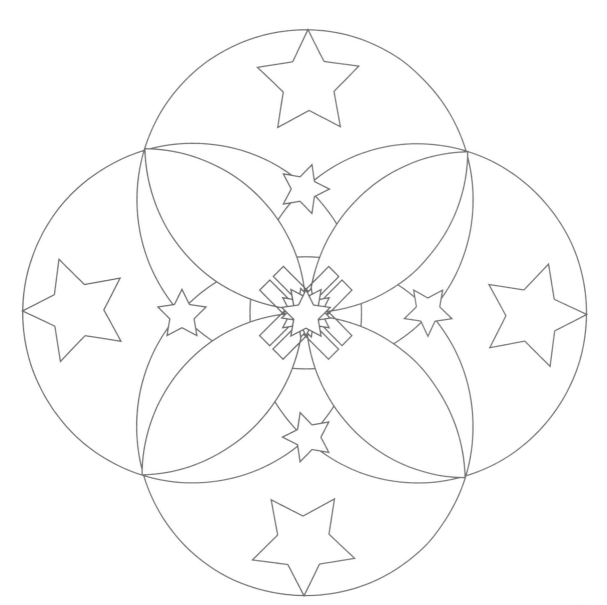

由外朝內繪製。自由選擇暖色系的顏色，甚至帶有強烈的意味，再用代表寧靜的冷色系作結。記得使用不完整的字母「S」為塗鴉筆觸。

依你喜歡的方向來繪製，記得要使用互補色。在泡泡中加上點點的筆勢，並耐心塗鴉平躺數字8 的線條。

從內而外繪製。記得留白，並以冷色系作結。中間的圖案象徵你的壓力。

從內而外繪製。先用暖色系,再用冷色系。記得使用從右到左的垂直線筆勢,再由左至右畫相同的線條。

由外而內繪製。先暖色系，後冷色系。記得畫上小三角形，和向上旋轉的大螺旋紋。

順著圓形依序朝中心繪製。使用能代表空氣和綠地的顏色，如淡綠、
淡藍和淡黃色等。

中間的圖案代表你的擔憂，請用點點的方式，以強烈的顏色繪之。接著往外圍繪製，著以冷色調，最後以歡樂的顏色作結。記得使用平躺的數字8和小圓圈的筆勢。（著色範例請見《活絡左右腦的心靈曼陀羅》第37頁）

由內而外繪製。以紫羅蘭色為主體，佐以綠松色、綠色、黃色、橙色和粉紅色以達視覺和諧。記得使用點點的筆勢，以及向上旋轉的大螺旋。

順著圖形依序由內而外繪製。使用洋紅色、紫色和猩紅色以達視覺和諧。請加上由上而下漸漸變短的垂直線。

由外朝內繪製，先用強烈的顏色，再用柔和的顏色。中間的圖樣代表能遮風避雨的寧靜。

由內朝外繪製，使用互補色。記得加上不完整的字母「S」，和平躺的
數字8這兩種筆勢，藉以抒放壓抑的情緒。

由外朝內繪製，中間的圖樣請使用藍色。在圖案的尖點處，加上不完整的字母「S」、點點、向上旋轉的小螺旋，或大螺旋等筆勢。

先在所有的圓圈中畫上點點，接著使用你想要的顏色朝外繪製。

由內朝外繪製，先冷色系，後暖色系，並在小三角形中畫上點點。

由內而外繪製，自由選色。記得使用平躺的數字8，以及由下而上填滿整個曼陀羅的水平直線。

先在所有的圈圈內畫上點點，然後先用冷色系，再用暖色系往外繪製。記得使用不完整的字母「S」的筆勢。

中間的部分用暖色系畫上點點，接著由內朝外繪製，先使用暖色系，
再使用冷色系。

由內而外繪製。中間的圖樣請著上冷色系；正方形的部分，請從頂部至底部畫上漸短、漸小的垂直線；圓形的部分則畫上你想要的筆勢。

使用顯眼的互補色由內而外繪製。在方形的地方畫上由右到左的垂直線,再從左到右畫上相同的筆勢。

以黃色和綠色為主，順著圓形依序由外而內繪製。記得使用往下緊密旋轉的小螺旋線。

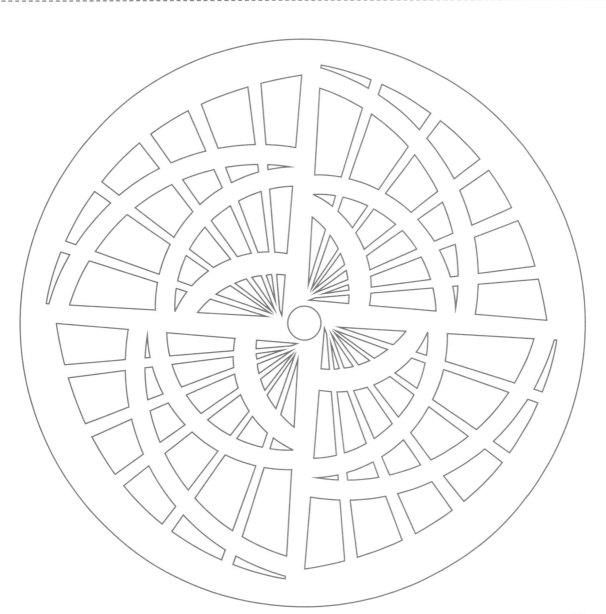

由內而外繪製，先使用你覺得強烈的顏色，再用你認為柔和的顏色。
。方形處畫上點點，圓形處畫上圈圈。

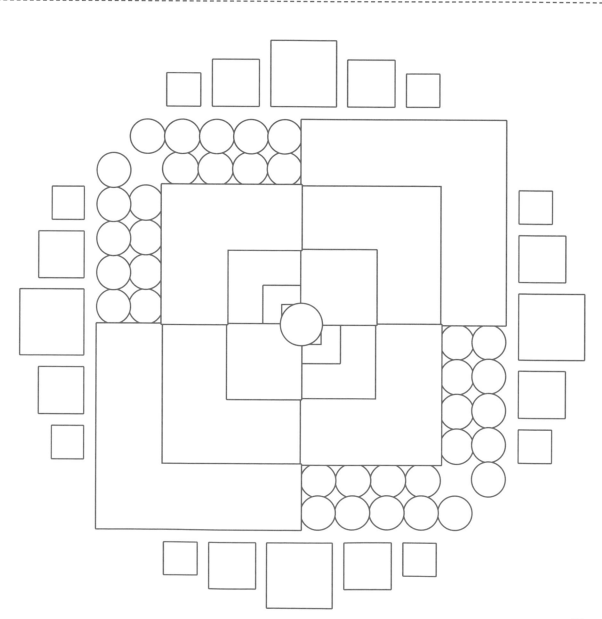

順著圓形依序由內往外繪製，先暖色調，後冷色調。可以加上向上旋轉的大螺旋紋以及圈圈。

自由選擇繪製的方向，但中間的部分請塗上暖色調，並加上朝上的半圓形，和向上旋轉的大螺旋紋。

以互補色自由選擇繪製的漸進方向。記得使用圈圈的筆勢。

從外而內繪製。中間的部分請使用如褐色、綠色、黃色和紅色等的大地色，花瓣處則請著上喜慶的顏色。

從中心往外圍繪製。圖上的樹木代表你生命的體現，請大膽使用如金色、銀色、紫羅蘭色、紫色、象牙白和猩紅色等顏色。

由內而外繪製。小鳥代表著你想接觸人的心。請使用顯眼的暖色系，並以點點作結。

由內而外繪製，先冷色調，再暖色調。建議畫上從中心往外圍旋轉的螺紋，與由下往上的水平橫線。

由內而外繪製，以不同的藍色為主體。中間的花朵塗上互補色。

由外而內繪製。先使用綠色漸層，再使用暖色調。中間的圖案代表你的保護層，也代表你心靈上的出走。

由內而外繪製。外圈使用藍色，剩下的部分自由選色，最後描繪虛線。中間的圖案代表你心中漂亮的祕密花園。

先描繪虛線，接著使用能令人聯想到花朵的顏色，如綠色、黃色和白色等。心形象徵結合的意願和分享的心。記得使用暖色系。

先描繪虛線。接著由內而外順著圓形依序繪製。先使用暖色系，再使用冷色系。（著色範例請見《活絡左右腦的心靈曼陀羅》第39頁）

從內而外繪製。先使用暖色調，後使用冷色調。

先由外而內描繪所有虛線，接著用冷色系，再用暖色系依序塗繪曼陀羅。

由外而內繪製。先使用互補色，再選擇你喜歡的明亮顏色。建議使用由右到左的垂直線筆勢，再由左到右畫相同的線條。

先描繪虛線，並用顯眼的冷色系繪製方形的部分，再以暖色調塗繪圓形處。中間的圖案象徵敞開的心。記得搭配平躺數字8的筆勢。

由外而內描繪所有的虛線，再由內而外塗上綠色、黃色和粉紅色。中間的花朵象徵希望。

選擇使用以下的顏色：金色、銀色、黃色、綠色、白色、象牙白和猩紅色。自由決定漸進的方向。

順著圓形依序描繪虛線，接著由內而外繪製。中間的方形必須著以暖色系。

先描繪虛線。自由選色，由中心的仙子往外圍繪製。

先描繪中間部分的虛線。由內而外繪製，先暖色系，後冷色系。記得從頂部至底部加上平躺的數字8，並在圓形處畫上圈圈。

使用顯眼的顏色，如金色、顏色、象牙白、藍色和黑色等，由內而外繪製。

重點在於每顆鑽石的明澈度。記得加水調和所選的顏色。背景維持明亮的感覺。由你決定漸進的方向。

自由選色，由內而外繪製。記得在外圍的圓圈上，加以向上緊密旋轉的小螺旋紋。

由內而外繪製，內部使用黃色和橙色，外圍使用綠色和紅色。

使用白色和暖色系的顏色，由內而外繪製。

換你了，創作你自己的曼陀羅吧！

換你了，創作你自己的曼陀羅吧！